GIUSEPPE FACCIPONTE

Arte, gesto, movimento, espressione

Apologia dell'ARTE, tra simbolo, icona, segno e gestualità..

Giuseppe Facciponte: Autore.
29/12/2023

Alcune riflessioni nell'ambito delle arti ....

INDICE

PREMESSA

INTRODUZIONE

PARTE PRIMA

PARTE SECONDA

CONCLUSIONI

APPROFONDIMENTI

Note

www.ingramcontent.com/pod-product-compliance
Lightning Source LLC
Chambersburg PA
CBHW070944220526
45469CB00007B/2514

PREMESSA

"Una delle sventure delle persone molto intelligenti, è di non potere fare a meno di capire tutto: i vizi non meno che le virtù..". H. de Balzac.

"Un'opera d'arte è soprattutto un'avventura della mente".. E. Ionesco.

...

Negli anni a cavallo tra '800 e '900, un filosofo, poneva all'attenzione delle masse il problema del linguaggio, in una chiave nuova, ristrutturata e destrutturata da vizi o contaminazioni, nonché da retaggi culturali di stampo classicheggiante. Con la definizione di "linguistica strutturale", F. de Saussure, si rivolgeva essenzialmente nei confronti dell'uomo in quanto individuo, per coglierne gli elementi essenziali, seppure elementari dello studio di una lingua, della lingua. Attribuendo alla lingua, al linguaggio, in quanto evento autonomo e isolato, una forma specifica e dunque strutturata, permeata da codici e sottocodici, giungeva a concludere che essa, lingua, non è altro che una pura forma, così come può essere considerata un'opera d'arte, ma dai segni e dalle convenzioni, del tutto arbitrarie, libere da ogni contesto. Arbitraria è la scelta che associa una particolare immagine acustica, detta significante, a una particolare idea, detta significato. Arbitraria è al tempo stesso l'articolazione dei singoli significati e dei singoli significanti, che si diversificano, sostanziandosi nell'intero codice del linguaggio, inteso come unità. L'arbitrarietà del "segno " è in grado di riuscire a comprendere, la struttura sociale in quanto a mero sistema linguistico. Nel contesto sociale, l'autore, vedeva i problemi relativi alla lingua, stabilendo che si tratta solo ed esclusivamente di un "fatto sociale", nulla di più.

Prima di lui, un altro filosofo di età classica (V secolo a.C.), individuava il pensiero del linguaggio inteso come segno, segno che in condizioni di normalità non dovrebbe dare adito a processi che intrappolano un errore, un giudizio critico, la possibilità di non condurre l'idea verso una realtà che sia prima di tutto verità assoluta. Il linguaggio, allo stesso modo del segno, del gesto, del movimento, produce la possibilità dell'errore, ma in quanto a forma convenzionale, deve rientrare nel canone assoluto della realtà rappresentativa, oggettiva e conseguentemente soggettiva. L'etimologia, attribuire un nome alle cose, è il luogo più idoneo per concedere l'espressione di una verità a tutto. Il nominare le cose, permette allora di raggiungere quell'esattezza insospettata e indiscussa, che permette di cogliere la vera essenza in tutte le cose. Questo filosofo è Cratilo.

INTRODUZIONE

Nel febbraio del 1602, un artista dal nome Caravaggio, ricevette dal Committente, l'incarico di dipingere per l'altare della Cappella in Contarelli in San Luigi dei Francesi, una pala d'altare: San Matteo e l'Angelo. Consegnata qualche mese più tardi, l'opera fu rifiutata in quanto assente di ogni rigore e di ogni forma di decoro o aspetto di Santo. Fu dipinto un nuovo quadro, immediatamente dopo, per sostituire la mancanza, che venne appeso al posto del primo. Il primo dipinto fu distrutto a Berlino nel 1945, il secondo quadro, è ancora nella Cappella.

Abbiamo deciso di partire da questo soggetto per introdurre, quanto disposto nel titolo di questo nuovo breve lavoro o studio, ovvero, la presenza iconologica e iconografica, quasi prossemica e spaziale, del significato del linguaggio del gesto e dell'espressione, in alcune opere d'arte. L'arte, è la prima forma statica che rappresenta e utilizza al suo interno, una serie innumerevole di movimenti, gesti e espressioni che hanno un fondamentale significato, al di là del quale, non è possibile discutere. Lo studio di questi segni, definiti gesti, sono preliminari per capire un'opera d'arte.

Caravaggio non era uno sperimentalista, non ne aveva le possibilità, nell'epoca in cui viveva, a differenza di artisti più moderni. Al tempo stesso, è stato uno dei primi moderni nella pittura, a modellare la figura secondo il proprio gusto e non il gusto del committente. Questa è stata la rivoluzione di Caravaggio. E' chiaro che ogniqualvolta si ponga all'attenzione l'analisi della parola "sperimentalismo" in arte, necessariamente si deve considerare un reale processo di totale disarmonia. Oltre questo concetto di disarmonia, esiste quanto è denominato classicismo, ovvero riproduzione *fedele* della natura.

Caravaggio perviene alla storia dell'arte, dopo Leonardo, dopo Michelangelo e dopo Piero della Francesca, e appena prima del Manierismo. La sperimentazione è già pienamente in atto, ma la possibilità di rappresentare la figura, lo studio della figura non è ancora un termine del tutto astratto, bensì qualcosa che assomigli alla verità.

Nell'ambito del post-classicismo, o realismo o verismo o naturalismo dissipante, il ruolo giocato da questo artista è uno dei più costruttivi e produttivi.

Ci troviamo in sostanza dentro il dipinto, però questa volta siamo di fronte a due dipinti, dunque il nostro sguardo deve necessariamente condurre la concentrazione, indirizzare la vista, nella separazione e nell'analisi delle due strutture e delle due composizioni differenti. In questa possibilità diacronica e bimodale, si concretizza il primo introduttivo studio del caso, afferendo quelle che sono le incisioni e le caratterizzazioni proprie della divergenza delle due opere in questione, poste una di fianco all'altra. La prima possibilità di visione che si presta all'osservazione, allo spettatore, è quella centrale. Da questa prospettiva centrale, in cui si denota la presenza oggettiva di un libro, si diparte la costruzione spaziale dell'opera. Le linee, i movimenti, il gesto, l'espressione, in una parola, la costruzione architettonica del dipinto è volutamente differente, del tutto diversa tra il primo dipinto di Berlino e il secondo di Roma.

Nel primo dipinto l'angelo è chiaro con due ali enormi ed è già di fianco il santo, indirizzando con il gesto della mano, la direzione della lettura, il passo che San Matteo deve leggere. E' una sorta di riverberazione, una premonizione, una visione, visione che offre a San Matteo, la possibilità della luce, oltre le tenebre. E' proprio la mano che diventa focus, il fulcro del dipinto, atteggiamento straordinariamente poetico, nel primo caso, attorno al quale, gravita l'intera composizione, costituita dall'incontro delle due mani sul libro, libro che sappiamo essere redatto con estrema cura in ebraico. Nel secondo quadro, ogni intimità è soppressa, è svanita, l'angelo e Matteo, sono due sconosciuti, due figure isolate, appartengono a due sfere opposte, diverse e diversificate. Le due sfere sono soltanto tangenti, per esprimere il loro più recondito significato, ovvero, il fenomeno dell'apparizione soprannaturale. Anche in questo caso, l'attenzione può essere focalizzata nei "gesti", quello delle due mani, di cui la prima risulta una rozza mano che impugna la penna d'oca, a differenza della prima che era decisamente più curata, dall'altra le dita che compiono l'atto di far di conto. Poiché le opere sono decisamente compiute in una parentesi tipicamente gestuale, tutto si svolge in queste due scene, nell'apparenza e nella maniera di richiamare e ri-definire meglio i gesti, il loro più recondito o reale significato. Nel primo caso, il movimento delle mani aveva un carattere più familiare, con un'immagine diretta, unilaterale, popolare; nel secondo viene ristabilita la gerarchia, cioè ricorrendo ai due gesti più tradizionali e meglio codificati: le mani nell'atto di scrivere e il gesto di contare con le dita. Ma non è tutto così banale come si possa credere. Sembra infatti, che Caravaggio avesse a priori stabilito che la visione prospettica del dipinto, di enormi dimensioni, doveva essere non orizzontale ma verticale, da sotto a sopra, almeno per chi guarda. L'equilibrio precario dei gesti, all'interno del quadro, rimane illusorio, fine a se stesso, apparendo in verità allo spettatore, perfezione compositiva assoluta. Dall'instabilità, si passa qui alla visione netta e risoluta.

Il gesto di contare con le mani, è codificato e spiegato proprio dal testo (libro) centrale dal quale siamo partiti con l'osservazione, che risulta essere la vera genealogia di Cristo (qui genuit), trattandosi solo ed esclusivamente di una pura enumerazione, indicizzata. All'interno di questa descrizione, tutto è contenuto, il dipinto ha una forza impressionante, illuminante, energica, tumultuosa e recondita o assopita, per cui destrutturata dalla sua piena forma di contenuto strutturato.

Questo primo esempio, all'interno di questo studio, non può prescindere con i problemi che riguardano il gesto nell'Arte. In realtà in questo ambito delineato, il problema è di duplice facoltà. Il primo è di "ordine" epistemologico: si riferisce alla semiologia, allo studio del gesto, della comunicazione e forse all'interpretazione psico-socio-biologica dell'arte. Il secondo, è più di natura "oggettiva", nel senso, che pone la questione, dal punto di vista della personalità dell'artista e non del dipinto in sé, e del rapporto che aveva con la committenza, che non doveva essere dei migliori. Queste riflessioni possono condurre un'analisi, definendola: <<prolegomeni ad una critica della "gestualità" nell'arte>>. Occorre mettere fra parentesi l'analisi stilistica per condurre uno studio più accurato sulle forme.

PARTE PRIMA

...   <<Non avendo fermezza nel cervello andava sempre cose nuove ghiribizzando …. Andava sempre investigando nuovi e stravaganti concetti, nuovi modi di fare, non si concentrando e non si fermando in alcuno. La bizzarra stravaganza di quel cervello di niuna cosa si contentava giammai..>>…

E' una premessa alla nascita del Manierismo seicentesco, all'uso "ufficiale" della sperimentazione nell'arte. Queste brevi parole sono il ritratto letterario del Pontormo, descritto dal Vasari nelle sue "Vite".

Prima di analizzare le opere di questo grande maestro del manierismo, procediamo e arretriamo di un passo indietro e consideriamo per qualche istante non solo l'esegesi del quadro, anche la storia e il periodo che ne conviene. Il Pontormo, è una figura centrale nell'epoca rinascimentale ed è il primo grande precursore della nascita della maniera moderna, più che moderna. Allora perché non discuterne? Vasari lo stronca, con una critica a dir poco tagliente. Probabilmente, l'intenzione del Vasari non era poi così crudele. Ricerche e fonti conducono su un'unica linea di ricerca principale, quella d'ispirazione di quel singolare programma iconografico che fu il "Beneficio di Cristo", il trattatello più diffuso negli ambienti della cosiddetta Controriforma cattolica.. ovvero, quella corrente (una tra le innumerevoli) di pensiero tanto ramificata e per qualche tempo anche radicata all'interno delle più alte sfere della Curia romana, che più si era mostrata permeabile alle istanze della riforma protestante e con maggiore zelo si era adoperata per risolvere lo scisma luterano e ricomporre l'unità dei cattolici, cercando un punto d'incontro, puramente dottrinale, in una profonda autoriforma della chiesa, pienamente in crisi. Dopo il fallimento di Ratisbona, agli inizi degli anni '40 , la brusca ritirata della Curia in direzione di una risoluta restaurazione dogmatica, ridusse drasticamente, fino a soffocarli, gli spazi di libertà di ricerca e di coscienza che avevano consentito alla riforma cattolica di diffondersi un po' dappertutto (come la peste) ma in particolare di conseguire proseliti tra gli intellettuali d'avanguardia, oramai alla ribalta. Un'opera come il "Beneficio di Cristo" che proclamava la fiducia nella salvezza individuale dell'anima per la sola virtù del sangue sparso da Gesù sul Golgota, da semplice trattatello ammirato e condiviso anche tra i ceti più bassi, divenne uno dei titoli all'indice, bersaglio privilegiato dei roghi dei libri eretici appiccati per ordine del Santo Uffizio.

Sappiamo che il Pontormo era un artista mediceo, insuperabile, poi anche della Roma papale. Dunque, le ricerche, hanno dimostrato che per quanto attiene al ciclo di affreschi in San Lorenzo, dove il Pontormo lavorò egregiamente, e chiesa, che conteneva al suo interno le spoglie mortali dei Medici e al tempo stesso fungeva da singolare cappella palatina, in occasione delle cerimonie ufficiali della famiglia ducale, fu sensibilmente influenzato, dalla lettura del Beneficio di Cristo e di scritti analoghi, influenza che ricevette anche da Pier Francesco Riccio, allora segretario del tutto particolare del duca Cosimo, maggiordomo di corte e cappellano della chiesa medicea a San Lorenzo, il quale possedeva le copie del trattato, che sopravvissuto all'eresie del rogo, è conservato alla biblioteca riccardiana di Firenze. A questo punto, è di semplice portata stabilire come il Pontormo e perché, lavorò agli affreschi del coro della cappella della chiesa medicea di San Lorenzo. Ma alla morte dell'artista, che risale al '56 dello stesso secolo, la situazione era molto mutata in Italia, e a Firenze regnava la "cultura del sospetto" o il disordine. Il Pontormo, ottiene l'ambitissimo incarico per gli affreschi celebri del coro di San Lorenzo direttamente per intercessione di Pier Francesco Riccio, destituendo così il Salviati, concorrente al lavoro di prestigio. Essendo il Salviati amico del Vasari, questi a ragione, decide di stroncare e ammonire con una critica sprezzante il povero Pontormo, il quale è stato tacciato anche e non solo di immensa pazzia. Andando oltre lo studio della Cappella di San Lorenzo e dei meravigliosi affreschi del Pontormo, abbiamo desiderato fornire un lucido esempio che purtroppo, nei casi più violenti, di radicalismo esasperato, di auto-rivoluzione intellettuale o artistica, totalitarismo di massa, porta con sé tutte le forme della devianza pittorica e in questo modo, è stato appellato il primo Manierismo del Cinquecento, in Italia e anche fuori dall'Italia. Il Manierismo cinquecentesco, dal Pontormo in avanti, non cesserà il suo cammino, ma arriverà fino all'Ottocento, nella sua forma più piena con il positivismo passando dal Beccafumi a El Greco, per poi ritrovarsi direttamente fra i discepoli assorti e completamente condizionati dalle teorie di Freud. D'altra parte non si può negare che le biografie più o meno leggendarie e gli aneddoti più o meno credibili, tramandati su parecchi artisti (come lo era la mitologia classica) del Cinquecento, abbiano lasciato ampio margine alle disinvolte acrobazie quasi circensi della <<storiografia psicoanalitica>>: le stravaganze del Rustici, le stramberie di

Aspertini, il presunto suicidio del Rosso, le fobie e le manie del Pontormo, la divorante febbre dell'oro dell'alchimia del Parmigianino, ecc. ecc.. Non è un caso, che ci siamo soffermati così a lungo sul contrasto tra il grande Vasari, già in piena espansione e il Pontormo, proprio perché, esso va ben al di là del semplice rapporto tra i due toscani, incarnando in maniera emblematica una grande frattura concettuale, ancor prima che cronologica e storiografica e generazionale, venendo a separare due distinte fasi della vicenda artistica dell'intero Cinquecento. Ossia, quella che viene definita, la vera sperimentazione anti-classica, o primo manierismo, o sperimentalismo, di cui il Pontormo è precursore, e l'altra che viene definita idea della Maniera, trovando invece nel Vasari, l'ideologo più lucido.

Al di là delle critiche e delle biografie, l'opera immensa del Pontormo, merita una grande riflessione.

...

Da venticinque, trent'anni a questa parte, le scienze umane, sono state dominate dal modello linguistico. La storia dell'arte con i vari Riegl, Wolfflin, ecc., era la disciplina intorno al 1910-20, di punta in tutto il panorama culturale del secolo XX. Alla descrizione sovra-intellettualizzata dell'attività mentale in funzione del linguaggio, si contrappone una rappresentazione sotto-intellettualizzata, fondata sulle varie manifestazioni ostentate o furtive, che hanno come base i movimenti. Questo punto di vista, interessa certamente, il problema della gestualità nell'Arte. Tutti quei "fenomeni" che vanno dal riflesso inconscio, fino a degeneralizzare nella patologia del "tic", dell'oratore, sono ben lungi dall'essere stati sufficientemente esplorati. Di certo un neurologo, un neuropsichiatra, anche un semplice psicologo, avrà modo di affrontare l'argomento! Noi, essendo studiosi di arte, non possiamo addentrarci in merito. Una difficoltà particolare deriva dalla "natura" della documentazione. La fotografia l'ha via, via arricchita, a partire dalla metà del secolo scorso, ma continuiamo ad avere la necessità di un immenso repertorio figurativo dell'arte universale. Già a partire dai rilievi egizi, per non andare troppo indietro, si ritrovano codici gestuali, di una pregnanza assoluta. Se la dissertazione di C. Darwin nel lontano 1872 (The expression of Emotion in Man and Animals), aveva fondato o gettato le basi per una soluzione di natura del tutto fisiologica dei gesti a partire dai moti riflessi, oggi si pensa anche ad un processo prettamente di natura cognitiva. Darwin disse: <<Avevo creduto all'interno dei miei studi, di potere fare affidamento sul grande aiuto dei maestri della pittura e della scultura, che sono osservatori così penetranti. Ho dunque esaminato le fotografie e numerose stampe di opere molto famose, ma se si escludono poche eccezioni, non ne ho ricavato alcun beneficio>>.

Alcuni anni più tardi un certo Wundt W. , dedicò un intero volume dal titolo "Volker –psycologie" al linguaggio dei gesti, il quale si è direttamente ispirato ad un'opera napoletana illustrata da Gigante. Tale dipendenza spiega a sua volta, il punto di vista sviluppato da Salomon Reinach, in un suo articolo di giornale "L'histoire des gestes" del 1920. Egli credeva che grazie al repertorio della foto istantanea, ci sarebbe stata una spettacolare crescita nel repertorio dei "gesti". Lo studio dell'espressione in base alla psico-biologia di Darwin è stata poi re-interpretata anche da Desmond Morris in "Man Watching", senza però che l'arte ne potesse giovare, minimamente. Si può abbandonare per certi aspetti il regno della vitalità e della spontaneità eccessiva o espressiva, per quello della comunicazione. Sul modello della relazione locutore-ascoltatore, che concerne l'attività verbale, fonda tutta una relazione trasmettitore – ricevitore, che presuppone l'esistenza di un "Codice" affinché l'esperienza del messaggio abbia un senso. Le smorfie presuppongono un registro di espressioni buffonesche; le caricature hanno tutte le sue chiavi espressive, ecc., insomma per nostra fortuna, è ancora tutto molto facilmente codificabile. Purtroppo il codice è lo stesso nei cartelloni pubblicitari, come per l'annunciatore televisivo, per i fumetti come per la pittura. Per cui non possiamo cadere nell'errore.

Un antico testo di Giovanni Bonifacio allora consigliere rinascimentale alla corte di Treviso, scriveva "L'arte dei cenni, con la quale formandosi favella visibile, si tratta , della muta eloquenza, che non è altro che un facondo silenzio". Il titolo dell'opera, chiarisce per inciso, il contenuto. I cenni corporei, ovvero i signa membrorum sono infiniti, più di seicento, quasi settecento. Si tratta di una semiologia del corpo nella sua interezza che comprende tutto, palpebre, mani, occhi, corpo, fronte, organi genitali, movimenti volontari, gesti calcolati, il dito e il suo movimento, fare le corna ecc. ecc.. Ad esempio <<raccogliere e col dito pollice premere il media e l'anellare spingendo l'indice e l'auricolare contro alcuno>>, significa secondo questo trattato, un'ingiuria diffamante e provocatoria, cioè dare a qualcuno del becco o della bestia. Per nostra fortuna, questi gesti non sono presenti nella storia dell'arte, che è ancora rimasta incontaminata.

Un'opera d'arte è la "mimica degli antichi investigata nel gestire napoletano" di Andrea di Jorio.

Capovolgendo l'argomento, è preferibile addentrarsi più che sul popolare, sull'aspetto culturale del termine. Per culturale si richiama in maniera rappresentativa, quanto è primordiale, ossia primitivo, le origini, la genesi: in tempi più recenti, il Pantocrator, fino alle grandi immagini della divinità cosmica, alla tipologia del Logos, studiata anche da L'Orange. Rappresentazioni queste che si fondano prevalentemente sull'esaltazione del gesto simbolico, che domina e occupa l'intero spazio del santuario, della chiesa, del luogo religioso; e poi i mudras buddisti, che dominano l'intero spazio orientale e i gesti sacri, ecc. Gli dei invece non manifestavano mai le loro emozioni. I loro gesti erano solo proclami, ingiunzioni, dichiarazioni sovrane.

Prendendo le mosse da Gombrich E., egregio signore che scriveva anche di Arte, in un suo lavoro "The ritualized gestures of prayer, of greeting, of mourning at funeral rites, of teaching or triumph are among the first to be represented in art", dunque, i gesti rituali di preghiera, di saluto, di lamento nei riti funebri di insegnamento o di glorificazione sono fra i primi che l'arte abbia rappresentato. Qui, non si può che esserne colpiti: i gesti fondamentali della religione e del potere-divinità, preghiera, glorificazione, si manifestano tutti, contemporaneamente, sia nel rituale, sia nella rappresentazione. Tutto si svolge come se l'arte, scultura, mosaico, ceramica, ecc., avesse come funzione originaria, quella di presentare, perpetuare, imporre, insegnare tutti questi segni primordiali che del resto conosciamo soltanto per suo tramite. I santuari, erano il luogo dove si perpetuava il rito dei gesti essenziali, spazio per la rappresentazione all'interno dei quali si moltiplicavano le icone, le statuette, le miniature, gli ex voto, i *souvenirs* destinati a svilupparsi. L'immagine del Dio, comporta il movimento che può caratterizzarlo. Il gesto allora, comporta l'attributo che caratterizza e si concreta in una sorta di stereotipo. Non risulta assurdo o insensato, considerare tali elementi e tali forme concrete dal punto di vista di una "ars memoriae" della religione e del cristianesimo.

All'opposto di queste pose ieratiche, è più che accertato che sin dagli inizi di una figurazione di carattere naturalistico, ci sia stato il desiderio di una vera e propria <<narrazione>> , con l'intento di illustrare un racconto o una storia ben conosciuti (l'Odissea, l'Iliade, ecc.). La mitologia rivisitata attraverso le icone, le immagini, esige dunque un vasto repertorio di gesti che si possano accostare alla mimica: la storia dell'arte greca, ne è un esempio cospicuo, ricco e ridondante, variegato e infinito, soprattutto se cominciamo a considerare anche la pittura vascolare, nella quale il racconto o la mimesi è espressamente sottolineata e delineata in ogni suo spazio e in ogni sua forma, venendo a caratterizzare quasi totalmente la scena rappresentata. Immense testimonianze dipinte, sostituiscono le parole, lo scritto e illustrano per immagini, iconologicamente, la semiologia della narrazione, del desiderio di curiosità, le parole e lo scritto. Sarà proprio la nuova tecnica della "silhouette" che in età greca arcaica, prenderà il sopravvento evidenziando una straordinaria capacità di atteggiamenti nel moto del disegno dipinto e dunque narrato.

Stilizzando le forme umane, l'artista greco dà l'impressione di afferrare la vita vissuta e di rivolgersi direttamente all'esperienza. E' solo un'illusione, che ha la sua genesi dalla buona presentazione dell'immagine riprodotta. In realtà, il pittore vascolare introducendo con una certa vivacità e quotidianità la vita e perfino l'intimità, ha solo proceduto a una nuova codificazione dei gesti. Questa è una descrizione di estrema importanza, per il fatto, che tutte queste operazioni –descrittive- fanno apparire quasi esclusivamente, motivi gestuali che possiamo qualificare come già strutturati nell'esperienza: moti caratteristici dei vari mestieri, gesti di benvenuto o di ostilità utilizzati quotidianamente; l'indicazione vale tanto per la cultura occidentale o post-medievale che per quella della bassa antichità. E' naturale che i gesti fissati dal pittore sono quelli stereotipati e ripetitivi che sono già pienamente costruiti nella vita reale. Si pensi solo per addurre qualche piccola dimostrazione nel grande panorama simbolico del gesto nell'arte, al caso della liturgia, del teatro, della pantomima, dell'arte oratoria. A partire da Cicerone e Quintiliano, il regno della "retorica" è provvisto di gesti strumentali ben precisi e studiati a puntino, tramandati fino ai nostri giorni. Così passo dopo passo, si arriva a delineare il sistema e più semplicemente il repertorio offerto dagli elementi figurativi.

Nel periodo del Rinascimento, alcuni gesti hanno assunto una valenza pregnante e fondamentale, a tratti mistificante come è il caso del gesto della preghiera o al contrario dell'ammonimento, due gesti stereotipati che insieme hanno accompagnato e segnato l'intero repertorio del secolo, tralasciando qui e ora altre forme simboliche di rappresentazione iconologica. L'uso dell'indice, quale segno primario, gesti che illustrano attraverso l'esempio, l'enorme ruolo che spetta alla "mano"..

Uno studio eccellente, possiamo aggiungere, ha dimostrato e spiegato quale è il vero significato dei gesti liturgici essenziali, ossia quelli della preghiera. Le mani giunte non hanno nulla a che fare con i movimenti riflessi e nelle immagini universali, le troviamo esclusivamente come segno di sottomissione: prigioniero, vassallo e altro... Nella liturgia cristiana, la preghiera si esprime nel modo più assoluto con il gesto dell'orante, con le braccia aperte, postura questa che, tra l'altro, figura ben cinque volte durante lo svolgimento della messa cattolica (lo ricordiamo già predetto nella storia dell'Antico Testamento nell'episodio di Abele, diffuso tra i pagani, rappresentato espressamente dall'arte paleocristiana, ecc.). Nel corso del XIII secolo, durante il pontificato di papa Gregorio IX, tale chiaro gesto, fu in parte sostituito dalla preghiera "manibus junctis", il cui carattere e successo sembra sia dipeso tanto dall'influsso francescano quanto dall'analogia della "recommandatio" tanto cara alle origini feudali. L'ordo missae, francescano, presupponeva infatti che l'elevazione dell'ostia, momento centrale della messa cattolica, si effettuasse proprio junctis manibus, poiché occorre essere concentrati e raccolti per offrire degnamente a Dio, il corpo di Cristo. Proprio come vassallo che pone le sue mani in quelle di Nostro Signore Gesù Cristo, come un perfetto prigioniero, per ricevere la qualifica che attende. Benché tardiva, questa qualifica, la junctio manibus, costituisce uno dei momenti più complessi, ed è dunque uno dei "vertici" del codice di chiare lettere medievali. Tale sviluppo ovviamente si ripercuote attraverso molteplici altri aspetti, con un'evoluzione di significato estremamente vasto e condito. Non è un caso, e qui sintetizziamo, perché occorrerebbe un trattato epistolare, che nel periodo del rinascimento, alcune rappresentazioni dei gesti, soprattutto in Durer e poi in Rodin, acquistino un valore particolarmente commovente. Il gesto in questo frangente assurge al ruolo di pieno valore emblematico, a causa del suo vissuto personale e rappresentativo. Esiste come una tendenza del segno a concentrarsi su se stesso. Il movimento totale del corpo, si manifesta nella figura inginocchiata che tende le mani: da qui si passa direttamente al braccio teso, gesto sufficientemente esplicito se accompagnato dalle mani giunte, e infine alle sole mani, le mani isolate, che diventano ora un oggetto particolarmente significante, grazie a un'eccezionale metonimia visuale, facilmente spiegabile con il primato della mano..

Allo stesso modo, funziona questo meccanismo, anche per quanto attiene ad altri gesti, ovvero alle dita, ruolo indiscusso di attrici solitarie o comuni, e in particolare al dito più agitato e ambizioso di tutti, l'indice. Talvolta le dita compongono e coinvolgono un atteggiamento specifico del corpo, nella sua interezza; altre volte, invece, si riconduce la riflessione soltanto al palmo della mano e al dito preso singolarmente.

Un gesto della funzione simbolica ben accertata, è indubbiamente, quello del silenzio, ovvero il "signum harpocraticum". In un meraviglioso dipinto di Beato Angelico, possiamo denotare l'elevazione simbolica e non, di questo rilevante gesto (San Pietro Martire, affresco del 1440-43, Convento di San Marco), in un luogo sacro, dove lo spirito del gesto, governa tutta la vita interiore. Gli esempi sono molteplici all'interno dello stesso identico gesto: può a seconda della posa o dell'espressione, significare io taccio, oppure diversamente, tacete. E' di chiara matrice gnostica, l'attribuzione di tale gesto o espressione: il significato più recondito sta nell'atto di chiudere la bocca attraverso la quale può penetrare il demonio, che in questo modo verrebbe scacciato e allontanato. Un altro significato del *signum* è particolarmente associato all'Egitto e alla Sfinge, poiché uno come Ovidio (nelle sue Metamorfosi, IX, 692) dice con sue parole: la figura collocata davanti al santuario "digito silentia suadet". Ma, sarà solo in epoca moderna che il Segno, assumerà il suo ruolo di libertino, libertario, nella sua accezione più galante, educata e sobria, come nel caso della "Tentazione" di Pietro Longhi o poco più tardi, come valore funebre (nel capitolo III della Montagna Incantata, di Thomas Mann, si evince dopo una breve attenta lettura, la visita a un cimitero in cui si vede un angioletto di pietra che aveva un berretto di neve e si chiudeva le labbra con un dito... poteva essere considerato come il genio di questo silenzio, ecc..).

Un grande studioso, E. Panofsky, interpreta invece il gesto del Pensiero di Michelangelo, come "the gesture of saturnian silence". A parere di altri studiosi del ramo, in questo caso isolato, non si tratta affatto di signum silentii, bensì dell'atteggiamento noncurante del sognatore melanconico, con la mano sul mento che in parte chiude la bocca. Un po' come accade nella famosa tela di Degas, la "Dame aux chrisanthèmes" del 1865 o ancora nel celebre "Penseur" di Rodin. Lo si trova associato al Dio dell'eloquenza nelle "Questiones" di Achille Bocchi, un incontro paradossale che assume un valore emblematico: l'elogio del discorso e al tempo stesso, del segreto, che come è noto da qualche studio, era una preoccupazione costante nel Rinascimento. Forse proprio questa è la chiave di lettura per risolvere l'enigma dello strano e affascinante quadro di Dosso Dossi a Vienna. Qui, mentre Giove dipinge farfalle (una parabola della creazione delle anime), la Virtù vuole attirare l'attenzione ma Mercurio la respinge. Questo personaggio impaziente è l'Eloquentia, ovvero, l'arte del discorso. Essa vorrebbe intervenire nell'atto del Dio, ma tutto si compie solo attraverso la pittura. Nello sfondo di questa "allegoria" vi sarebbe celato il mistero e la grande rivalità tra Arte e Letteratura. L'analogia con la situazione presente, in cui il modello "linguistico" primeggia, o rivaleggia, con le modalità non verbali, è così impressionante, che a tratti, sembra di avere avuto un'allucinazione nel dovere affrontare tale lettura.

In sostanza, quando si narra il resoconto di un lavoro veramente ben fatto, il disegno ben inteso, ben congegnato, conferisce al gesto una sorta di evidenza che, deve lasciare dimenticare lo "sforzo" necessario a realizzarlo. Tutti i grandi artisti dichiararono che in taluni casi, si trattava di far *"dimenticare"* il mestiere. Il meccanismo del <<come>> questo gioco entra in essere, è interessante per una prima analisi dell'opera, di qualsiasi opera, per poi passare ad una seconda, una terza, e così via. Se, per esempio, si prende in considerazione una qualsiasi pala d'altare di una Madonna in trono con angeli e santi, del tardo medioevo o del primo rinascimento, o nel caso diverso di un dipinto di stampo prettamente narrativo, o storico, ogni qual volta, il telaio compositivo assume un tema conosciuto o semplicemente reperibile e comprensibile: è il soggetto che in tutti questi casi, determina la distribuzione dei gesti e a partire da questa "griglia" conosciuta, ha luogo una lettura rapida da parte dello spettatore, che indugia soltanto se è curioso di vedere il modo in cui l'artista, o no, è stato capace di cambiare atteggiamenti e di introdurre nel suo canovaccio, invenzioni interessanti. Al contrario, se il soggetto è invece sconosciuto, per mancanza di un titolo, o perché un tema è ignoto in quanto non è conosciuto dai più, o perché si tratta di opere che appartengono ad altre culture e non alla nostra, in questi casi, la nostra reazione sarà di partire dai gesti, in quanto indicatori espressivi più facilmente utilizzabili, e dunque di tentare di risalire attraverso di essi, all'argomento della composizione.

Tra i diversi gesti, per rientrare nella nostra analisi, è presente un gesto che in pittura è stato utilizzato in largo uso, soprattutto nel campo della rappresentazione, rispetto a quello della vita reale: si tratta dell'indice puntato o "indigitazione". Anche in questo caso l'uso è molto ampio e prevede molte varietà di analisi. L'Alberti, ne evidenzia in un suo trattato, i caratteri, asserendo che principalmente, si tratta del gesto dell'ammonimento: <<E piacemi sia nella storia chi ammonisca e insegni a noi quello che ivi si facci o chiami con la mano a vedere>> (Della Pittura, II, 42). L'esempio tra gli esempi possibili, si può ritrovare nel Masaccio, nella sua "Trinità", sito in Santa Maria Novella, del 1425, dove scoviamo il gesto che riesce a modificarsi, per mutarsi in qualcosa d'altro: l'indice designa l'oggetto e lo sguardo dell'ammonitore, cercando quello dello spettatore. Si tratta di un sistema di antiche origini: un mosaico romano (Roma,

Museo Nazionale) lo utilizza come un *memento mori* filosofico, schematico, al pari di un cartellone pubblicitario. Tale infatti è il valore di questo gesto da potere essere ridotto alla sola mano e al dito puntato. Siamo allora, nel pieno mondo della comunicazione. Gli <<ammonitori>> del Pordenone, nella "Crocifissione" di Cremona del 1520, e quelli dell'Immacolata Concezione di Parma del 1533, interpellano, lo spettatore, l'osservatore, proprio come le figure delle moderne *affiches*. In un certo senso questo gesto preso singolarmente, dà piena ragione a coloro che si rifiutano di accordare un'attenzione privilegiata alle arti in materia di segnali del tutto informativi.

In realtà, questo gesto dell'indice svolge un ruolo decisivo all'interno di un'infinità di grandi composizioni: accompagnato dallo sguardo, crea una linea di forza straordinariamente efficace come è il caso della Madonna di Ancona e inoltre sottolineato da un fascio luminoso di luce, crea tramite un raggio visivo, un effetto sorprendentemente impressionante, ne è un esempio, la Vocazione di S. Matteo del Caravaggio. Ma c'è un altro impiego dell'indigitazione differente, che non bisogna dimenticare, ed è il tema proprio del sacro: Leonardo, ne ha fatto un uso personale, ad esempio, l'angelo della Vergine delle Rocce, la versione del Louvre, svolge lo stesso identico ruolo dell'ammonitore albertiano. In realtà, il segno dell'indice sin dall'antichità, era sempre e comunque rivolto al Battista, che indica l'Infante o un cartiglio. Al contrario, l'indice di Leonardo, con il suo Battista, punta il dito verso il Cielo in un gesto che assume un valore generale, e che è stato commentato ironicamente da Picasso in epoca più moderna: <<Yes, Da Vinci promises heaven: look at this reased finger>>, ovvero, "Sì, Da Vinci promette il paradiso, guardate quel dito levato". Leonardo, ci offre dunque una conclusione, ossia, la risposta che cerchiamo rimane tutta nel termine del moto: movimento visibile ed emozione nascosta al tempo stesso, che Vasari utilizzerà, come già accennato, più avanti, nel presentare la Maniera moderna. Nella pittura di Leonardo, il gesto, all'interno del suo programma di lettura assume una forza vitale e uno studio esegetico e iconografico di rilevante comunicazione. Si può ammettere che quasi tutte le pitture di questo artista, sono pervase, da movimenti e gesti che richiamano soprattutto l'uso delle mani o delle dita, oltre ai movimenti e ai diversi gesti del viso e del corpo. Un singolo studio o una singola analisi, sarebbe un'ultima prova di infinite correlazioni e supposizioni, che rimanderebbero a intere volumetriche opere di stampa libraria, e che dunque, in questo istante, preferiamo sorvolare.

Nel "Cenacolo" leonardesco, si può mettere in luce, quanto di più significante, possa essere compreso nell'utilizzazione simbolica e iconologica della fattura dei gesti, attraverso la sua immensa azione che presuppone come vediamo, le sue centotrenta dita, capolavoro indiscusso della sua carriera. Tali considerazioni, veramente molto ampie, per poterne discutere in un brevissimo saggio, è già presente anche nella critica moderna. Vasari, nel 1550, condanna la ridicola povertà del repertorio bizantino, ignorandone quindi, l'intensità semantica ed esaltando invece, nei fondatori della maniera moderna, la funzione primaria del gesto, e la tecnica dello sguardo, da cui deriva, una stupefacente diversità di emozioni (affetti) a disposizione del pittore. Verso il 1575, un medico napoletano, dal nome Bartolomeo Maranta, scrisse un saggio a proposito di un'Annunciazione di Tiziano, conservata in una collezione meridionale. Riflettendo sui requisiti della buona pittura, il medico, li trova realizzati in quest'opera e in particolare nella disposizione spaziale, delle due figure, la cui mimica e i gesti, permettono di capire chi parla (l'angelo) e chi sta per parlare (la Vergine). Si hanno così, tutti gli elementi necessari a nostra disposizione, di quanto viene definito, comunicazione Non verbale, e in particolare dell'azione delle mani, dicendo: <<ancor che con i movimenti dell'altare parti del corpo si soglia accompagnare il parlare, non è però membro che a tutte le varietà del dire (che sono infinite) possa i suoi atti accomodare, se non le mani, che in un certo modo, si possono dire veramente parlino>>. (Dott. Maranta).

In conclusione, il gesto ieratico o detto anche espressivo del repertorio, aveva sin dalle origini, svolto nelle composizioni un ruolo che si può definire "mnemotecnico". Ad esempio, le diverse composizioni di Dirk Bouts o di un Ghirlandaio, si riconducono a una certa addizione o accomodamento di segni appropriati: una corona di atteggiamenti e di gesti che però, non ha qui, un vero valore psicologico. Anche nell'Adorazione dei Magi, di Leonardo, si ha una simile corona di segni, ma improvvisamente arricchiti di una dimensione psicologica impressionante. Ecco, un'altra differenza.

Per non parlare del Cenacolo, in cui si continua a discutere all'infinito, tanto si è caricato d'intensità il tumulto dei gesti espressivi. In esso, anche i personaggi secondari, non semplici portatori di gesti utili alla composizione, bensì sono improvvisamente dotati di una vita propria e non più riflessa. Di qui, un'altra complicazione che ha portato inesorabilmente a paralizzare parte delle figure leonardesche, immobilizzandole nella loro cristallinità se vogliamo stilistica prima che stilizzata.

Diversamente, uno come Raffaello, a prima vista, pare abbia recepito il metodo per il quale, i personaggi, le figure, la stessa rappresentazione, può avere svolto, una libera e pura visibilità compositiva e dunque strutturale. Se, analizzando il suo "Parnaso" e la "Scuola di Atene", in sintesi, denotiamo di primo acchito, superficialmente, una composizione di gesti e segni pienamente riusciti e perfettamente padroneggiati. Non vi è nulla di più melodioso a riguardo, che la folgorante e stupefacente modulazione di "moti" nella "Pesca miracolosa" del famoso cartone per arazzo del Victoria and Albert Museum.

La schiettezza semantica del gesto, sulla quale abbiamo ricostruito la nostra analisi, fu insomma compromessa, dalla teoria dei moti. Per restare e non allontanarci dai termini semiologici, l'attenzione richiesta dal locutore, compromette la limpidezza del messaggio. Molto presto, senza lunghe attese, su questa base, si verrà formando un repertorio sempre più complesso, di cui possiamo fornire solo due esempi nel mare degli esempi, in Georges La Tour e Simon Vouet. Il dipinto di Vouet, la "Buona Ventura" è interamente concepito in funzione delle mani e degli sguardi. Ne derivano crescenti possibilità di conflitti, che possono essere illustrati a chiare lettere, nel molto celebre S. Matteo di Caravaggio.

All'interno della nostra scelta, abbiamo deciso di "narrare" episodi di segni, gesti, simboli, iconologie e iconografie, in breve, anche per quanto attiene l'apparato della pittura del Tardo Cinquecento, quando dopo la nascita della "Maniera", si assiste all'apoteosi o al trionfo, se vogliamo, della maniera classica e immediatamente dopo, dell'Antimateria, trovando terreno fertile, nell'eccellenza della "caricatura" che supera a dir poco, l'intero periodo buio e poco costruttivo del medioevo.

Se consideriamo alla nostra attenzione un altro affresco, datato 1515-16 del Pontormo, a nostro avviso artista di genio nella corrente del tempo che egli stesso rappresentava, la "Pala Pucci", in San Michele in Visdomini, che risale solo al '18, ci accorgiamo, accostandoci per un istante alla maniera di questo meraviglioso affresco, di un certo sofferto riscontro nella maniera propria di questo pittore, a differenza di molti suoi artisti contemporanei. Pur conservando molti tratti che rievocano temi tanto cari al Del Sarto, a Fra Bartolomeo, all'Albertinelli, qui, i personaggi fendono lo spazio, caricandolo di moti impetuosi, vivi, concitati, mossi, dinamici, sommessi dalla luce radente che scava sin dentro le finiture, le ombre profonde, sfaccetta i piani del quadro, tornisce i volumi. Il segno, il gesto più in generale, preso nella sua totalità di opera d'arte è presente nel tormento, nell'impeto, nella non aderenza simmetrica e piramidale che conduceva ad una pittura tradizionale di stile classicheggiante o regolare. In questo dipinto, l'intera composizione si carica, studiatissima e eccellentemente portata a compimento, come possiamo d'altronde notare, di tensioni altre, non corrispondenti, diagonali e verticali, impulsi contrastanti, centrifughi e centripedi; si frantuma infine in un gioco complicato di corrispondenze "chiastiche". Si può dire che non ci sia volto, gesto, segno, espressione, moto di braccia e di gambe, che non si ripercuota come un'eco nel quadro, ora identico, ora invertito e come riflesso specularmente. Basti guardare le sorprendenti "allitterazioni ottiche" che raddoppiano il caso del Bambin Gesù in quello dell'Angelo di destra e l'aria spaventata e dolente di S. Giuseppe (memore del Laoconte da poco rinvenuto) in quella del S. Giovanni Evangelista, oppure il calcolato contrapposto, che mette a confronto, come in uno specchio, le movenze significative del Bambino e del Battista o quelli dei due angeli reggicortina. In assoluta sintonia i volti si caricano di un'espressione e di una tensione inconsueta, i gesti sono concitati, perentori. Ciascun personaggio sembra concitato ad esprimere il proprio stato d'animo con se stesso, senza ritegni o mezzi toni: i bambini non esprimono la solita blanda vivacità, bensì una vitalità sfrenata, i vecchi, l'angoscia di un drammatico presagio; con il viso perduto e le mani serrate, il S. Francesco, parla della suprema concentrazione mistica e dell'estasi e non viene meno, neppure il S. Jacopo, in uno sguardo che si appunta sullo spettatore per sommuoverlo emotivamente, coinvolgerlo nella scena.

Quale significazione di gesti, segni, maniere, rimandi al teatro e iconologie, nello studio semiotico di questo affresco appena sopra descritto!!....

Nel suo trattato d'arte, dove quasi a ogni tratto si incontrano richiami all'<<ut pictura poesis>>, Giovan Paolo Lomazzo riferisce: ".... Dicesi che Michel Angelo, diede questo avvertimento a Marco da Siena, pittore suo discepolo che dovesse sempre fare la figura piramidale, serpentinata e moltiplicata per uno, doi e tre.. Et in questo precetto parmi che consista tutto il secreto de la pittura. Imperoché la maggior grazia e leggiadria che possa havere una figura, è che mostri di muoversi, il che chiamano i pittori, furia della figura. E per rappresentare questo moto non vi è forma più accomodata, che quella della fiamma del foco... Et non solamente del tutto ha da servare questa forma, ma anco in ciascuna delle parti....".

La fiamma ondeggiante e attorcigliata della <<serpentinata>>, realizza la sintesi spaziale coordinata e dinamica di una sequenza di contrapposti; ovvero, si tratta di un ossimoro visivo, moltiplicato per due e per tre. Imprigiona il moto e lo esprime nella inerzia del marmo e della tela: anche questo è un ossimoro, l'apparente contraddizione che è anche il più geloso secreto dell'arte.

Ma un ossimoro è il caso di dirlo, chiama l'altro. Nel "Genio della Vittoria" di Michelangelo, che non è altro che il suo paradigma plastico, esattamente come nel Ratto della Sabina del Giambologna, che è il suo esibizionistico "tour de force", la figura avvolgente della figura serpentinata, è il traliccio strutturale da cui rampollano altri innumerevoli contrapposti. Nel gruppo scultoreo di Michelangelo, il giovane Genio, glabro e levigato, dispiega in tutte le direzioni dello spazio le sue energie liberate, mentre ai suoi piedi fa da contrappeso la massa greve, ruvida e compressa del vinto, barbuto e soggiacente. Dal canto suo uno come il Giambologna, con tipico tratto manierista non fa che tornare petrarchescamente, sul teorema impostato e risolto da Michelangelo, moltiplicandone programmaticamente i fattori di gioco. Si procederà così per addizione, estremizzando quanto più possibile, estrapolando dai modelli dei "grandi maestri" del passato, impegnandosi in una corsa di rialzo degli ostacoli, fin troppo soggioganti per terra.

La figura della *serpentina* di tipico impianto rinascimentale manierista, percorrerà i secoli successivi, trovando ampio spazio, anche e non solo, nella scultura e nell'architettura. Se si nota il basamento dello spazio scenico ivi rappresentato, ad esempio, possiamo annotare, un certo corollario bidimensionale. Qui, la perfetta sovrapposizione di <<soggetto>> letterario e <<soggetto>> effettivo, è pienamente conseguita..

PARTE SECONDA

Premessa:

<<La fondazione delle Arti Belle, e l'istituzione dei loro diversi generi risalgono a un'epoca profondamente distinta dalla nostra e a uomini il cui potere sulle cose e sulle situazioni, era insignificante in confronto al nostro. L'incremento "stupefacente" che però i nostri mezzi hanno rappresentato nella loro duttilità, e nella loro precisione, le idee e le abitudini che essi introducono, ci consentono ancora, di sperare nel prossimo futuro, in cambiamenti profondissimi nella Antica industria del Bello. In tutte le Arti si dà una parte fisica che non può più venire considerata e trattata a lungo come prima, e che non può più venire sottratta a lungo agli interventi della conoscenza moderna e della prassi moderna. Da vent'anni in qua nella materia, né lo spazio, né il tempo sono più di ciò che sono sempre stati. C'è da aspettarsi che novità di una tale simile portata, trasformino l'intera tecnica media artistica, e che in tal modo, influiscano sull'invenzione stessa e da ultimo giungano a noi, forse fino a modificare il concetto stesso di Arte nella maniera più stupefacente possibile..>>. Paul Valéry, in "Pièce sur l'art", Paris.

…

Walter Benjamin, in uno dei suoi trattati, scriveva con parole sue, che in linea di principio, l'opera d'arte, è sempre stata riproducibile. Ciò che gli uomini avevano fatto, ha sempre potuto essere rifatto dagli uomini. Simili riproduzioni, venivano realizzate dagli allievi, per esercitarsi nell'arte, dai maestri per la diffusione delle opere, infine da terzi, avidi di guadagni. I Greci conoscevano soltanto due procedimenti di riproduzione tecnica dell'opera d'arte: la fusione e il conio. Bronzi, terrecotte e monete erano le sole opere d'arte che potevano essere prodotte in quantità da parte loro. Tutte le altre erano uniche e non riproducibili "tecnicamente". Con la silografia diventò per la prima volta riproducibile la grafica. Così fu al lungo tramite la stampa, prima che diventasse riproducibile anche la Scrittura. Nel corso del Medioevo, alla silografia si aggiungono anche l'acquaforte e la punta secca, e agli inizi del diciannovesimo secolo, la litografia.

Nel genere fin qui accennato, possiamo aggiungere che nel giro di lunghi periodi storici, insieme con le forme complessive di esistenza delle collettività umane, si modificano anche i modi e i generi della loro percezione sensoriale. Questo "medium" in cui ha luogo e spazio la percezione sensoriale, è inteso non soltanto in senso naturale ma in senso storico. L'epoca buia e oscura, violenta e distruttiva, delle invasioni barbariche, durante la quale sorsero l'industria artistica tardo-romana e la "Genesi di Vienna", aveva la possibilità di detenere un'arte diversa dall'arte antica e al tempo stesso una diversa percezione. Gli studiosi della scuola viennese Riegl e Wickhoff, sono i primi veri pionieri di queste idee. Saranno questi due studiosi, che in epoca tarda, giungeranno a considerazioni di ampio raggio sul significato prossimo della totale decadenza delle Arti.

La forma che è sempre stata il punto di riferimento di ogni disciplina, viene a mancare, muta, si nasconde, desiderosa di tornare a risplendere un giorno. Un'antica statua di Venere, presso i Greci, che la consideravano un vero oggetto di culto, era posizionata in un contesto del tutto diverso, da quello addotto in epoca medievale, presso i monaci, che al contrario, consideravano l'idolo della venere, un oggetto maledetto. Ciò che era un unicum tra le due statue della Venere, era proprio la sua Aura, la sua lucentezza interiore, oltre l'abbruttimento totale ed estetico dell'opera d'arte.

Le opere d'arte più antiche sorsero al servizio di un rituale, dapprima magico, poi religioso. In altre parole, il valore di unicità dell'opera d'arte "autentica" ha una sua fondazione nel rituale, nell'ambito del quale, ha avuto il suo primo e originario valore d'uso. Il culto - profano - della Bellezza che si sviluppa solo nel Rinascimento, per poi restare assolutamente valido per Tre secoli, e decadere dal quarto in avanti, consente di riconoscere chiaramente e con tutta semplicità, quei chiarimenti o quei fondamenti, una volta finalmente scaduto questo termine, al momento del primo serio sconvolgimento di cui sia stato colpito. Quando con la nascita della fotografia, contemporaneamente all'inizio del Socialismo, l'arte avvertì la possibilità della crisi, dove tutto era tornato mostruosamente abominevole, ed elementare e approssimativo, tetro e buffo, dopo altri cento anni, diventò innegabile, reagendo in tal modo, con l'arte per l'arte, costituendo una vera teologia dell'arte, quasi una vera forma di "preghiera" per scongiurare altre catastrofi e ancora altre grazie del tutto non desiderate.

E' palese a questo punto, che la ricezione di opere d'arte che siano opere d'arte e non fanatismi vari, avviene tramite accenti di valore squisitamente culturale in primis, e in secondo luogo, sul valore espositivo dell'opera d'arte. La produzione artistica dopo medievalismi, grazie varie, bestialità e orrori di ogni genere, comincia a configurarsi solo ed esclusivamente all'interno dei luoghi di culto, dove la speranza era quella che in questi luoghi, potesse regnare oltre al silenzio, prima forma di educazione, anche la vera erudizione o la grande cultura libraria. L'alce che tutti conosciamo perché l'abbiamo già visto, che l'uomo raffigura nelle caverne e nelle pareti, è un elemento magico. Ponendolo davanti a suoi simili, l'uomo, lo dedica agli Spiriti. Oggi, certe statue sono accessibili soltanto al sacerdote..

Uno dei principali compiti dell'arte è stato da sempre quello di generare una simile esigenza, per la cui piena soddisfazione, non è ancora giunto il momento. Nell'attesa di ricevere anche questa piena soddisfazione da tale esigenza, molti critici, nel senso di veri critici e non di pagliacci di scuole libere, miravano a risultati che potevano senza forzature, maturare finalmente, un livello tecnico diverso. In questa grande speranza, emergevano contemporaneamente diverse realtà.

Ogni rivoluzione nuova, rivoluzionaria, colpirà oltre il proprio bersaglio.

La massa, è una matrice dalla quale abitualmente esce o riesce rinato, ogni atteggiamento e comportamento, anche non possibile e anti-letterale e anti-etico, ma pur sempre possibile, nei confronti delle opere d'arte. In questa totale possibilità o volontà di rappresentazione, l'Osservazione non può che lasciarci perplessi: <<una distrazione per iloti, un passatempo per creature incolte, miserabili, esaurite dal lavoro, che sono dilaniate dalle loro preoccupazioni.>>.

<<La riproduzione di milioni di esemplari, in quest'epoca di decadenza, fa diventare brutto, anche il prodotto più bello>>...

<<E mentre che lavorava guardandolo e riguardandolo, tuttavia gli diceva: favella, favella, che ti venga il cacasangue>>.. Il Profeta deve parlare. Se uno come Donatello, secondo l'arcinoto racconto vasariano, interpella la statua con questa tale e simile violenza, è solo perché il raggiungimento supremo, sarà di imporre allo spettatore la certezza che lo Zuccone può e deve parlare e al tempo stesso, il rammarico che egli non parli.

Nella letteratura del Rinascimento, centinaia di epigrammi fanno eco a questo aneddoto, diventando obbligatori, negli elogi dei quadri (quelli veri) in cui domina se non la fisica, la figura umana. Non ci si aspetta che una cosa, non manca che una cosa: che l'immagine parli. O quantomeno è così che viene formulata la sintesi nell'allora norma di comportamento o di atteggiamento degli artisti allora vigenti. La pittura sarà allora definita discorso muto, poesia muta. Si direbbe che il ruolo dell'Arte, sia quello di imporre al tempo stesso questa missione, questa aspettativa, allo stesso modo di chi ama dire che lo spazio <<sfondato>> della prospettiva è pura realtà d'immagine, di osservazione, pur conservando una certa costruzione e una vera e propria illusione prospettica.

Avendo già accennato al signum harpocraticum, gesto di cui l'Occidente, ne ha preso i prestiti, che allude al silenzio, sia come valore semantico passivo, sia come valore semantico attivo, questo signum, nella continuità dei gesti, altro non è che un'associazione del gesto nell'immagine, ovvero, la definizione verbale e la configurazione visiva. Già in epoca romana, dopo quella greca ed ellenica, dal quale proviene, lo possiamo ammirare tra le antichità di Villa Adriana di derivazione orientale, a Roma ai Musei Capitolini, che si raccorda perfettamente con l'interpretazione che ne dà Plutarco nel suo "De Iside et Osiride", (verso 68). Si fanno troppe chiacchiere false e fallaci sugli Dei e perciò questo Dio, tiene il suo stesso dito, sulla bocca, in termini di silenzio. Il giovane Dio che possiamo qui ammirare, richiama direttamente l'iscrizione di ataviche origini di iscrizione all'entrata dei santuari, ovvero, che non appena arrivati sul luogo (trattandosi di santuari e non mercati popolari) occorre frenare la lingua. Se il fedele non fa silenzio, lo stesso fedele, non percepirà la lezione interiore che sostituisce il discorso.

Solo qualche secolo più avanti, ritroviamo il segno, ricalcato, in epoca rinascimentale, quale contesto filosofico dell'Umanesimo. In questo secolo, è comprensibile che s'imponesse un richiamo all'ordine, alla regola, all'educazione, alla serietà interiore, al decoro, al rispetto, alla sobrietà.

L'emblema *silentium* di Alciati, del 1531, dimostra "quasi ingenuamente" che si considera una rilevante virtù, la piccola costrizione del silenzio, che converte il "saggio" in un'immagine dell'Arpocrate egiziano. Il saggio non parla, raccomandazione questa che conserva per anni in tutta l'epoca, la stessa forza di una reale banalità, che tuttavia rimanda allo stato di prudenza e di mutismo, in un'epoca come quella, decisamente pericolosa e tormentata.

L'emblema *arpocratico* del segno è del tutto economico, la forza del signum, è tale che al limite, non è necessaria alcuna epigrafe. Se ad esempio, la si ritrova come accade, alla fine del secolo nell'Harpocrates philosophus di uno come Jan Muller (1593), è perché il Dio del silenzio, dall'aspetto tormentato, deve rimarcare con forza, attraverso la sua crucciata ingiunzione, il momento filosofico, la vita di quel nosce te ipsum...

Tutto ciò non offre questo spunto, vuole significare, in parole, una chiave di lettura abbastanza semplice, se non dovessimo collegarla anche qui all'atteggiamento insito in Lorenzo dei Medici, il cosiddetto "Pensieroso" di Michelangelo, che ne ha illustrato una emblematica e sicura scultura all'interno della Cappella Medicea della chiesa di San Lorenzo (The index finger of his left hand covers his mouth with the gesture of saturnian silence), l'indice della mano sinistra gli copre la bocca col gesto del silenzio saturnino. Questa formula, si spinge oltre, dove uno come Ripa, sessant'anni oltre, descriverà il "Melanconico" con il dito indice alla bocca. E' il caso di aggiungere in questo contesto, che mai prima dell'arrivo di Michelangelo, il gesto arpocratico del silenzio, sia stato associato al tipo saturnino.

Il Segno del Dio del Silenzio Arpocrate, o Signum harpocraticum, ha una grande pregnanza nel mondo cristiano. Uno studioso dal nome di André Grabar, ha mirabilmente commentato il significato del dito che chiude la bocca, il "Katadikàzon dàktylos", gesto di chiara derivazione –rituale- monastica, dal forte presagio affettivo e incantatorio. In questo ambito, però, ci troviamo nostro malgrado, in una zona prettamente eresiarca e gnostica, dove secondo la teoria di uno come Puech H. C., l'atto stesso della preghiera, doveva sempre essere accompagnato da un gesto che chiude la bocca, ovvero la <<chiostra dei denti>>. La famosa leggenda di Arpocrate, non permette di dubitare circa le origini di netta matrice egiziana di questa pratica: nel mondo copto, vediamo l'iconografia cristiana, utilizzare il signum in un gruppo di tre monaci raffigurati nella cappella n. 28 di Baouit. Ma in questo caso si tratta come documentano chiaramente i Testi che abbiamo valutato, di un mero atto apotropaico, di un gesto di protezione, destinato a tenere la bocca ermeticamente chiusa, con l'indice posto orizzontalmente al fine di impedire l'accesso del nemico mentre si sta salmodiando. Un silenzio, ermetico, che va interpretato in questo caso singolare, come un avvenimento a cercare i significati riposti, gli arcani della favola mitologica. Per i neoplatonici, antichi, e moderni, le sfingi davanti ai templi, esprimevano anch'esse ermetici rifiuti al volgo: argomento questo che abbiamo accennato in precedenza. Il motivo, era strutturato, per suscitare l'interesse, ormai decaduto, nei nuovi mitografi di stampo moderno: il Poliziano, nei suoi "Miscellanea", aggiunge un dettaglio alla figura di Arpocrate, traendo essenzialmente spunto dalle indicazioni fornite da Plutarco: <<Ex quo etiam digito labia comprimit, argumentum taciturnitalis et silentii>> (Ecco perché tiene un dito sulla bocca, è un simbolo, di melanconia e di silenzio). Il pesco, persica arbor, gli è consacrato. Il signum harpocraticum è chiarito alla perfezione dal verso di Ovidio che lo rappresenta a proposito dei grandi santuari egizi: "Quique premit vocem digitoque silentia suadet" (Colui che reprime la voce e invita al silenzio con il dito), da: Metamorfosi, IX, 692.

Giraldo, riprende tale indicazione senza cambiarne una virgola. Bocchi, nelle sue "Symbolicae Quaestiones" del 1574, al n. 64, trasferisce il signum ad Ermes, grazie a una sua sorprendente re-interpretazione del ruolo del Dio dell'eloquenza, come è stato anche giustamente osservato da Edgar Wind. In un suo singolare saggio del 1544, in prossimità della lettura, "Descriptio Silentii", Celio Calcagnini da Ferrara, che molto dipendeva da Poliziano, era partito da un'evocazione di Arpocrate, per concludere in definitiva con l'elogio del linguaggio calcolato, coperto, enigmatico, che rivendica in qualche modo, i meriti opposti a quelli del discorso e del silenzio. Da quel momento, il signum, lungi dall'escludere l'eloquenza, annuncia soltanto un discorso altro, di natura diversa.

Queste "tipologie" figurative, codificate ma soprattutto ri-codificate durante tutto il Rinascimento, restarono a lungo in servizio effettivo, libere, come lo era l'epoca, di impersonare a volte, durante l'età successiva dei "Lumi", un ruolo del tutto sorprendente. Se consideriamo alla nostra attenzione, o semplicemente al nostro sguardo, per un istante e anche più, un dipinto successivo, l'Altalena di Fragonard, notiamo a primo impatto, il gesto, inserito proprio al posto giusto, senza scomposizioni di forma, sopra al gentiluomo birichino, una figuretta scolpita che ha solo la funzione, come spesso accade, con le statue ornamentali presenti nei quadri del secolo XVIII, di rendere esplicita con la sua mimica, l'intenzione –occulta- della composizione.

Ovidio diceva: "Praecipue Cythereia iubet sua sacra taceri" (In particolar modo Citera impone di tacere al suo Culto). Da "Ars Amatoria", n.11, 607.

A differenza dell'Arte antica e poi rinascimentale e quasi moderna, nei secoli più classici del Quattrocento e del Trecento, il gesto, il segno, era interpretato dalla Cristianità in chiave del tutto diversa. Richiamava sì al mistero, ma con mezzi non più tratti ora dalla mitologia, non c'è più qui, nulla d'iniziatico o di arpocratico, ma un semplice invito alla rinuncia esemplificata dal soggetto, per sua libera scelta, una raccomandazione di carattere morale, non intellettuale, già insita, un consiglio a sottomettersi, un'esortazione al rispetto, alla pazienza, frutto della calma interiore (si vedano come esempi: "l'Obbedienza" di Giotto, 1325, Firenze, Chiesa di Santa Croce, Cappella Bardi, e "La pazienza o l'Obbedienza", fine del XV sec., Bergamo, Battistero. Due esempi in questo ambito di assoluta pertinenza).

...

Abbiamo fin qui, trattato in poche righe, qualche riferimento al significato di pochi gesti o segni, tradotti dagli autori che abbiamo deciso di considerare. In questo contesto, prima di concludere il saggio, ci sembra doveroso, dovere affrontare, quasi analogamente, il significato, etimologico, del nome, di quanto viene in questi studi, definito iconografia e iconologia.

L'iconografia, ha origini antichissime, i greci dai quali il nome pare derivi (da: eikòn, immagine e graphìa, descrizione), traendo allenamenti, dagli egizi e dai fenici, parlano di metodo di studio che si occupa nello specifico, della descrizione e soprattutto dell'individuazione, dei temi raffigurati nelle opere d'arte. Nelle scienze storiche, indica lo studio delle immagini come documento testuale e ipertestuale. Sarà l'archeologia che preliminarmente, condurrà studi sulle origini, che verranno di poi, condotti dagli storici e dai critici dell'arte. Dalla fine dell'Ottocento, questa metodologia, si è talmente emancipata in tale ruolo, da offrire ampio raggio di spazio, non solo all'archeologia, ma alla numismatica, alla ritrattistica, configurandosi alla tradione della descrizione dei soggetti storici e simbolici e alla loro forma figurativa..

L'iconologia, diversamente seppure in modo affine, concerne nel dettaglio, lo studio o il metodo, delle opere d'arte mirante alla individuazione dei loro significati simbolici e contestuali, ossia, intende cogliere il valore concettuale e speculativo dell'immagine, indagando le relazioni tra i contenuti dell'opera o delle opere, e la cultura letteraria, filosofica, religiosa, ed anche scientifica (eikòn: immagine; logos: discorso o studio). Come abbiamo accennato, in tempi moderni e rinascimentali, sarà proprio Ripa che nel suo "Iconologia" del 1593, scriverà un testo che ripercorrerà in modo archeologico e letterario, i frammenti antichi egizi e pre-egizi, greci e moderni del termine, in un sapere medievale e umanistico, astratto e morale. Sarà Warburg, nel Novecento che trarrà dallo stesso concetto del termine, uno studio personale, volto a un'indicizzazione d'uso storico-critica, nel campo di una prospettiva interdisciplinare..

...

"Se si chiede a ogni onesto Francese che legge tutti i giorni il suo giornale, nel caffè che frequenta, che cosa intenda per progresso, egli risponderà che è il vapore, l'elettricità, e l'illuminazione a gas, miracoli sconosciuti ai Romani, e che tali scoperte testimoniano in modo pieno, la nostra superiorità sugli antichi, tante sono le tenebre addensate nel suo disgraziato cervello, e tante le cose dell'ordine spirituale che vi sono così mostruosamente confuse".. (Baudelaire, 1855. Mostra contro l'opinione del Volgo).

E' un "estratto" tratto dalle lettere di questo scrittore, inerente per inciso, l'idea che aveva del progresso. Bene. In letteratura, il circolo delle rivoluzioni intellettuali, può avere pensato, ad un certo punto della propria *carriera* letteraria e poetica, anche contestualizzazioni simili. Ogni epoca deve fare i conti, con la propria media che a tratti auto-rappresenta. Ma, per quanto concerne l'Arte, non vi è nessuna garanzia, che tali parole, possano essere interpretate alla lettera, bensì, diversamente, ante-litteram. Le immagini, qualsiasi opera d'arte, essa sia, non ha precursori, inventori, detrattori e soprattutto copie perfettamente riuscite. L'arte è solo una feconda nascita che avviene nell'embrione o nel genoma della propria auto-rappresentazione, ovvero nasce da se stessa, esattamente allo stesso modo dell'artista, che in un certo senso, non deve tornar di conto a nessuno. E' esattamente quel concetto tanto ripetuto, dell'Art pour l'Art.

Avendo stabilito (a priori) che nell'ambito delle arti, sono presenti, fondamentalmente due correnti, affini e opposte tra loro, verosimili e antitetiche, il sacro e il profano, dunque, l'aspetto figurativo tipicamente religioso e quello squisitamente profano, pagano, mitologico o astratto, si può condurre una lineare argomentazione che al di là di ogni singolo riferimento, possa auto-programmarsi, evidenziandosi e addensandosi, presentandosi in un contesto letterario e dunque d'arte, che per scelta, abbiamo deciso, di riportare non seguendo un canonico ordine cronologico, ma deducendo aspetti e contenuti, in uno sforzo che sia prima disciplinato, poi, organizzato e composto, in una parola, equilibrato e armonioso.

In pieno Ottocento, il postulato romantico provocò la crisi, non appena l'arte diventò autonoma (lontana dal clero e dalla stessa mitologia), emancipandosi addirittura, dalla metafisica del Bello, compiendo una *sua* personale rivoluzione che la porterà inevitabilmente a dovere ridiscutere qualche anno più avanti, con aspetti fondanti che fino ad allora non aveva preso in considerazione. Era il classicismo accademico, che aveva ancora posto, tali principi.

In questa sede, vanno evidenziati due filoni di correnti letterarie, che agli inizi dell'Ottocento si sono espressi in termini romantici e anti-romantici, letterari e anti-letterari, concludendo in varie sfumature e confusioni che poi, sono state riportate all'ordine. Nel 1820 Auguste Comte, anticipò le sue più ampie trattazioni in Numero Tre saggi. In questi tre saggi, che abbiamo avuto la fortuna di analizzare, lo scrittore afferma che la civiltà è dominata dalla legge del progresso. Certo, anche Platone e Aristotele, parlavano di Progresso. Secondo il pensiero dello studioso Comte, i personaggi, sono attori, maschere, non persone, che svolgono un'azione in un tempo determinato. Trascorso il tempo, spariscono. Comte, attribuiva una pregnanza ipotetica a M.me de Stael, quando diceva: <<Non dobbiamo confondere l'attore con lo spettacolo>>. In un certo senso, anche l'arte è una macchina teatrale, concentrata su attori e spettatori. Il quadro può essere visto come l'attore, il protagonista e il pubblico, l'osservatore, come lo spettatore. E lo spettacolo? Chi compie lo spettacolo? L'arte e non lo spettatore. Questa concezione "ottimistica" di Comte, trova la sua controparte (Platone e Aristotele) nella figura di un altro filosofo, G. Hegel, dove la storia universale, diviene parte di un processo cosmico onnicomprensivo che si dispiega con una logica inesorabile. La dialettica per Hegel, è l'unica forma possibile di logica. Da lì a poco, salirà al potere Napoleone Bonaparte e lo Stato prussiano. A noi non interessa chi aveva ragione tra i due, d'altronde la filosofia è come la matematica, se togli le regole, sorge il disordine dell'armonia, il non contrappunto.

La critica d'arte, ha sempre creduto, che non esiste ed è inammissibile pensare ad una forma d'arte univoca o universale per tutte le epoche: una norma che rappresenti il pensiero, è da abolire. Forme e colori, tutto quanto è visibile in genere non sono in pratica, che solo simboli delle idee, simboli che sorgono nella mente dell'Artista, in un certo senso, assomigliando a un sonnambulo, e alla

Ragione, spetta soltanto, il compito di sfrondare i fiori superflui, della fantasia con le sue lucide cesoie.

Saranno questi, i principi formulati quasi due secoli fa, che ripercorreranno lo spirito del modernismo. Restare ancorati a detti principi, vorrebbe dire tornare indietro di due secoli, e non dare spazio né al concetto di evoluzione, né a quello di progresso.

Il critico, se si può ancora parlare di critica, può tutt'al più tentare, provare, d'interpretare l'oracolo al popolo. Egli, in epoca moderna, non dice più: <<questo è buono, quest'altro è cattivo, bensì, questo è passè, quest'altro è il nuovo>>. Se si pensa come possono cambiare le cose tra un'epoca e un'altra, si pensi soltanto, all'epoca in cui Heine, esaltava Decamps, nei luoghi in cui una corrente importantissima come il Romanticismo era ormai alla sua conclusione, alla sua lusinghiera scomparsa.

"Il culmine, la vetta, alla quale tutti gli artisti dovrebbero tendere è ancora molto lontana, lontanissima, più che mai, tanto lontana, che occorreranno tante generazioni per creare finalmente, i tipi giusti… e portare altresì, il pubblico a riconoscerli e forse anche a comprenderli". (Proudhon).

Poco dopo, quello che può essere considerato il pontefice del classicismo accademico, nel 1833, scriverà in un suo articolo pubblicato sul giornale: <<De la marche différente de l'esprit humain dans les sciences naturelles et dans les Beaux Arts>>, ovvero, alla scienza appartiene il progresso, mentre l'arte figurativa ha raggiunto il suo culmine del suo fine ultimo, con la realizzazione dell'ideale di bellezza classica. Questo sommo studioso era Quatremère de Quincy.

E' certo, che nel XIX secolo, le opinioni, per la prima volta, toccarono non soltanto letterati, poeti, scrittori, scienziati o filosofi, ma soprattutto gli artisti, come mai prima di allora. Dai quadri di cui un soggetto si circondava, era facilmente deducibile, scoprire le sue convinzioni artistiche, politiche, culturali e sociali, nonostante, talvolta, le affrettate conclusioni, hanno dimostrato, giudizi del tutto errati e sconclusionati. Proprio questa, e non è il caso che succintamente ne stiamo discutendo, fu l'epoca in cui gli storici dell'arte, cominciarono a parlare degli stili diversi, ritraendosi e ripercorrendo, analogamente, gli stili sociali, senza però, rendersi pienamente conto, che questo metodo, si fonda spesso e volentieri, su una illecita analogia.

Questo è solo un esempio negli incidenti della Storia dell'arte, che precedettero e susseguirono, molti altri incidenti di percorso, laddove l'Arte aveva teso a meritare, il suo posto di vergine incontrastata, incontaminata e incondizionata.

...

Rientrando nel codice di cui abbiamo dato un titolo al saggio in questione, riproviamo a trattare il gesto, la figura, il segno e la sua iconologia, il significante e il significato, come d'altronde sinora, abbiamo già compiuto. Il linguaggio generalizzante è per nesso di causa, una macrostruttura che incorpora al suo interno, una microstruttura: il gesto, il segno.

Abbiamo denotato e chiarito, sinteticamente, data la forma di questo scritto, che ogni sorta di manifestazione o di esortazione che in tempi molto antichi, era la conversazione dei monaci, veniva vista, come un modo efficace nell'associare il "signum" a un "exemplum", dove il richiamo all'obbedienza, era spinto fino al martirio. Per i moderni arrivati molto dopo, era allettante fondere le due considerazioni, sebbene, l'emblema monastico non ha nulla di ascrivibile all'ambito dell'ermetismo, dal quale differisce nettamente. In ambito monastico, dal Duecento fino a tutto il Quattrocento, il segno, era solo un'espressione simbolista, che indicava a chiare lettere il proprio significato. Si noti come exemplum, il celebre e arci noto "Silenzio" scolpito da Auguste Préault nel 1843 per la Tomba di Jacob Robbes nel cimitero di Père – Lachaise, a Parigi. Qui, siamo di fronte ad una scultura che non ha bisogno di commenti ulteriori per mostrare tutto il simposio, la plastica, la forma che assorbono e sprigionano il mistero del segno. Il santo domenicano dell'Angelico, presentava troppe analogie con questa ultima raffigurazione, con questa maschera funebre, questa allegoria del mistero del "trapasso" per non dare luogo e spazio a un nuovo ciclo iconografico che potesse "sprigionare" appunto, nuove possibilità di espressione all'interno della stessa composizione. Un'incisione di E. Manet, ci rammenta nel 1858, il "Silentium" del Beato Angelico, attraverso un disegno molto esplicito. Fu uno come Odilon Redon, a dare fondo alla potenzialità di questa allegoria, sfruttandone tutte le componenti poetiche, religiose e persino teosofiche. Si giunge così, attraverso una lenta e inesorabile "de-gradazione" regressiva, che più che una deriva semantica, attinge ai luoghi dell'usura, dell'autoconsunzione del simbolo, al momento in cui, con un prevedibilissimo rovesciamento che la semiologia con le sue semplificazioni considera una "Legge", il segno del mistero, impregnandosi di ciò che è implicito, sotteso, sommesso, provocatorio e che in un certo qual modo, evince, a priori, la lenta e inesorabile, estinzione della – funzione- semantica di un segno, prestabilito.

Se, consideriamo da un altro punto di vista, il ruolo accessorio e marginale, appare lecito, ristabilire, e concludere con un caso in cui questo signum di cui tanto abbiamo discusso, nell'oceano infinito dei simboli dell'arte, sembra avere svolto un ruolo centrale all'interno di un dipinto avvincente e di difficile interpretazione. Il "Giove e Mercurio" di Dosso Dossi, entra a far parte del Museo di Vienna, soltanto molto tardi, ovvero, solo dopo una lunga permanenza veneziana. Qui, l'autore del meraviglioso dipinto del 1528-30, non commenta il fascino del dipinto, che si commenta da solo, essendo non solo ferrarese di origine, ma anche acidulo, penetrante, dai toni gialli, rosa e verdi, sulle quali pare che piovano gocce dal cielo con l'arcobaleno sullo sfondo temporalesco del cielo, in un motivo lontano e distante e in una duplice strutturalizzazione del dipinto. Giove dipinge farfalle, la Virtù chiede udienza e Mercurio gliela respinge. Sappiamo benissimo che le farfalle sono le anime (la psiche), e l'allegoria e l'allegoria del mondo. Sullo sfondo un paesaggio classico di rovine, di antiche dimore una volta abitate da persone di alto rango. Sacro e profano, si compenetrano a vicenda fino a fondare una osmosi di chiara derivazione neo-classica e mitologica. In questo caso specifico e poco generale, il signum harpocraticum fornisce dunque la risposta, proprio all'enigma del dipinto. In altre parole e per essere concisi e non pedissequi, la metafora è semplice: Mercurio impone il silenzio all'arte del discorso (l'Eloquentia), che qui, non potrebbe che arrecare molestia all'apparizione del mondo di forme luminose e colorate, quali le farfalle e l'arcobaleno. Se l'atto creatore è consistito nella pittura, l'arte che è "designata" come tale, ne è solo il proseguimento, la continua affermazione, e dunque nulla e poi nulla, deve alle modalità dell'eloquenza.

E, se questa interpretazione è corretta, ci troviamo sostanzialmente di fronte ad una severa critica, nei confronti delle Arti Sorelle, ovvero, quella dottrina dell'Ut poesis pictura, secondo la quale il discorso letterario, è indispensabile guida della pittura. Se quest'ultima deve imporre il silenzio all'arte della retorica, è messo in discussione un vecchio, vecchissimo parallelismo. Leonardo era nel giusto quando, nel "paragone" ha separato le due operazioni: il signum harpocraticum affidato a Ermes, invita a formulare nuove possibilità, ma non prima che nuove priorità.

CONCLUSIONI

Per concludere questa breve dissertazione del segno, del ruolo di questi, e dell'espressione, in una "nicchia" di segni possibili, avendo preso di mira soltanto pochi simbolici segni e non tutti, torneremo per un breve tratto, a ripercorre le orme del segno. Leonardo, abile disegnatore e pensatore, di cultura scientifica ma anche classica, tecnica e professionale, aveva studiato bene, il corpo umano, le sue teorie, i numeri fisici e spaziali e, in diversi studi di fisiognomica umana dei volti, ci lascia indubbiamente dei lavori semplici e squisiti. Al tempo stesso, sono conservati in diversi musei, alcuni suoi disegni, di studi di mani. Sarà proprio questo studio, che porterà questo autore, a considerazioni che molti artisti prima e dopo di lui, avevano già messo in atto.

Abbiamo visto che il gesto *arpocratico* del silenzio, circoscritto ai luoghi sacri, è stato duttilmente spiegato attraverso una risoluzione possibile di espressione associata per lo più al tipo saturnino, adducendone diversi esempi possibili. E' anche vero, per non cadere nel falso, che questo identico segno, non lo si ritrova mai nell'atteggiamento melanconico, atteggiamento che nell'arte, di tutte le epoche, è pure stato indagato a fondo. Durer, ad esempio non se ne è servito nella "facies nigra" della sua allegoria. Il mutismo fa parte della nozione saturniana ma non risulta affatto sottolineato dal signum. Dopo tutto, sarebbe il caso di domandarsi se Michelangelo nella posa della cappella medicea abbia voluto davvero combinare la postura caratteristica della <<mano sulla coscia>> con il signum arpocraticum. Non può e non deve sfuggire all'osservatore che la morbida inflessione del dito, si attaglia all'attitudine rilassata del pensatore che si accarezza il labbro, senza avere l'imperiosità di un segnale. Michelangelo è uno di quei pittori che quando ha voluto, ha saputo essere anche molto esplicito. Nella "Madonna del Silenzio", la figura di Arpocrate, prende il posto di un San Giovannino e la peculiarità del piccolo demone pagano, è debitamente sottolineata dalla pelle del lupo, descritta minuziosamente dai più dotti mitografi dell'epoca. Così Michelangelo, aggiunge una dimensione più completa all'iconografia del Bambino addormentato, molto addormentato, diffusa nell'Italia settentrionale solo dopo Piero della Francesca e Giovanni Bellini. Nulla di tutto ciò, nella posa languida, del vir melancholicus della Cappella Medicea. La "figura sedens" non aveva mai richiesto precisamente questo specifico gesto, questo segno e l'identificazione del "signum", ovvero del dito alla bocca, come attributo saturnino, sembra dovuta alle iniziative degli iconologi della fine del XVI secolo. Costoro, questi iconologi, conoscendo bene entrambe le serie iconografiche, ed essendo particolarmente inclini tra l'altro al sincretismo, erano inevitabilmente indotti a combinarle insieme. E' chiaro, che questa precisazione "storiografica" ha il suo peso, perché si è creduto di individuare questo intreccio iconografico, già nella antica tipologia degli - Evangelisti -. Ricordiamo, infatti, che il gesto della mano sinistra con le dita sulla bocca, rimanda ad un'espressione del silenzio, di cui è precursore, proprio l'Oriente Cristiano.

APPROFONDIMENTI

Premessa:

"Leonardo Da Vinci was very proud and instinctively generous. According to one story, he once went along to the bank to draw his usual monthly salary from Piero Soderini and cashier wanted to give him a few a packets of pennies which he refused to take, saying that he was no 'penny painter... Leonardo went to Rome with Duke Giuliano de' Medici on the election of Pope Leo who was a great student of natural philosophy, and especially of alchemy... And in Rome he experimented with a paste made out of a certain kind of wax and made some light and billowy figures in the form of animals which he inflated with his mouth as he walked along and which flew above the ground until all the air escaped.... .
[Then having given it a coat of gesso and prepared it in his own way Leonardo started to think what he could paint on it so to terrify anyone who saw it and produce the same effect as the head of Medusa...]... "..

Giorgio Vasari, in Leonardo da Vinci.

Leonardo, è stato uno dei primi maestri del Rinascimento, ad adoperare il suo intelletto, per portare a compimento uno studio che partendo dall'esegesi classica delle icone, sarebbe dopo poco tempo, mutato in forme dal contenuto più alchemico e sperimentale. Dagli esempi noti degli esperimenti leonardeschi, si amplierà, quanto abbiamo comunemente definito con il termine anti-classicismo o sperimentazione culturale, o Manierismo.

Sebbene anche questo grande genio dell'arte abbia avuto modo di studiare l'uomo vitruviano, su modello dei greci, la sua battaglia culturale e artistica si è codificata nei meandri della sperimentazione, rifiutando il concetto classico di Bello. Pertanto, in un diaframma eloquente e breve, che Leonardo appena esaminato nel suo programma avesse avuto per un solo istante l'idea del bello come poteva essere riferita a noi da Omero, dagli storici più influenti della storia greca? Bello come integro, intero, ben fatto, quel kalos greco che in sé riprende il télos. Platone riferendosi a kalos al tempo stesso ci indica la definizione di brutto (to aischron), come ciò che arresta il divenire (Cratilo). In realtà in Leonardo, più che di vizio, si può sommamente discutere di virtù, di etica rigorosissima, mentre al contrario sarà Michelangelo che aprirà le porte di un bello certamente classico virtuoso ma anche vizioso, nelle sue forme, nella sua pomposità solenne, nella dimora della sua vestibilità. La virtù, definita areté non cede il passo al vizio, definito, kakia.

A differenza di altri, sebbene sottesa ad una certa aderenza alla disarmonia dei corpi e dello spazio, la lezione leonardesca, per gli studi dell'artista, risulta ancora di notevole spessore, non essendo completamente contaminata da mentalismi manieristici o completamente sperimentali, regnando così armonia compositiva, spessore del disegno e una certa aderenza ai canoni estetici classici, che da qui a breve, per certi oppositori della buona maniera, verranno sovvertiti, rovesciati, come in qualsivoglia progetto di sperimentazione culturale.

In epoca avanzata, un intellettuale (così si definiva), della seconda metà dell'Ottocento (1867), scriveva:

<<Per il pubblico e mi guardo a usare il termine in senso spregiativo, per il pubblico, un'opera d'arte, un dipinto, è una cosa destinata a piacere, che è in grado di deliziare il cuore e di atterrirlo, ad esempio un massacro con le vittime che si torcono gementi davanti a minacciose canne di fucile, o forse, una deliziosa fanciulla che, appoggiata a una colonna, biancovestita, si perde nei suoi sogni nel chiarore lunare. In altre parole, la massa, vede soltanto, l'oggetto che la afferra alla gola o le tocca il cuore. Essa non chiede all'artista, che una lacrima o un sorriso. Per me un'opera d'arte, al contrario, è una personalità, un carattere. Quel che io chiedo all'artista non sono dolci fantasticherie e incubi paurosi, bensì che si dia tutto, anima e cuore e che, manifesti forte e chiara, una natura vigorosa e individuale. Io disprezzo profondamente i piccoli trucchi, i calcoli lenocinii, tutto ciò che si può apprendere mediante lo studio. .. La parola <<arte>> non mi piace affatto, contiene al suo interno, ogni possibile idea di disposizioni necessarie e di ideali assoluti. Ciò che io cerco, o ricerco sopra ogni cosa in un quadro, è l'uomo e non il dipinto>>. (Zola).

In questo gioco di parole, uno come Zola, tra la prima e la seconda metà dell'Ottocento, respinge e rifiuta ogni tipo di ideale classico, con assoluto disprezzo.

Sarebbe interessante sapere se questa è la prima volta che si affronta un argomento della critica d'arte. Avendo discusso di segni, gesti, espressioni semantiche delle icone, non abbiamo generato, un processo alle intenzioni della critica d'arte, sebbene, storia e critica, per certi versi vadano di pari passo. Nel processo alle intenzioni, cercheremo nell'arco di una breve parentesi isolata, per cui autonoma e specifica, di affrontarne almeno un piccolo frame, un excursus semiotico e metodologico. Gli attanti e gli astanti delle opere d'arte, sono quanto viene definito connubio tra spettacolo e pubblico in teatro, tra lettore e testo in letteratura, poeta e poesia in altre discipline, ma nell'ambito delle arti, il ruolo è svolto principalmente ed essenzialmente dall'artista che è al tempo stesso creatore e produttore, ideologo e rappresentante delle sue opere. In una sola parola, costruttore. Il pubblico che osserva un'opera d'arte, di volta in volta non può che rimanere silente, pur traendone infine un'adeguata conclusione, caratterizzata da elementi costanti che sono la regola del fare arte. Quello che in passato era il canone. Il rovesciamento del canone, ha portato inevitabilmente allo squilibrio, a quanto abbiamo definito precedentemente, incidente dell'Arte.

Per rimanere con Zola, possiamo aggiungere in questo "contesto": <<Oggi il vento spira in favore della scienza. Che lo vogliamo o no. Noi siamo spinti allo studio esatto delle cose e degli eventi, ma non tutti sono spinti da ciò. E così tutte le forti personalità che non si sono ancora lasciate trasportare dal vento, che hanno qualcosa da dire, si esprimono a favore della veracità. La tendenza dell'epoca, essendo tendenza, è certamente realistica, o meglio positivistica. Sono quindi costretto ad ammirare coloro che sembrano dimostrare una certa familiarità del tutto affine, tra loro; questa loro affinità, deriva solo ed esclusivamente dal tempo in cui vivono. Ma basta che domani, nasca un altro genio, uno spirito che si opponga, e allora, io gli prometto la mia adesione, purché questa adesione, ci dischiuda con forza un mondo che sia del tutto suo>>.

Non esiste altro aspetto di modernismo, in cui uno come Zola, con il suo relativismo, cerca di sfidare i tenaci pregiudizi della sua epoca. Citeremo in questo contesto, un suo personale giudizio, davanti un quadro, del suo tempo: "l'Areopago" o Frine davanti all'Areopago del 1861, oggi ad Amburgo, di J. L. Gérome; quadro che impressionò artisti come Degas e Cézanne, che subito dopo, ne compirono alcuni disegni preparatori o schizzi.

Zola in questo dipinto, ci descrive dapprima l'artista, quale personaggio indiscusso delle sue opere, che cerca di mettere in evidenza il teatro dell'evento, che vuol dipingere, ovvero, il Tribunale dove la famosissima etera greca, doveva comparire davanti ai giudici. Ci descrive il pittore che qui, consulta archeologi e architetti, per essere sicuro che ogni particolare sia esatto. Solo allora, Zola, deciderà la composizione del quadro, con un *coup de théatre* in cui il difensore di Frine, scopre per la prima volta, il suo corpo nudo. Naturalmente, il pittore sa benissimo accentuare la sua nudità, facendole compiere un gesto di pudore: al pari di una donnina sorpresa mentre si cambia la camicia. Ma il pieno successo dell'opera, sarebbe stato assicurato solo quando il pittore, fosse riuscito a mostrare sui volti dei giudici sulla destra del dipinto e al centro sullo sfondo, le diverse reazioni di stupore, di ammirazione e di cupidigia, che qui vediamo essere in lontananza rispetto alla centralità dell'immagine: "Questa serie di vecchi volti illuminati dal desiderio, è l'ultimo ingrediente del ragù, il condimento che solleticherà anche i palati più *blasé*. Così, allora, l'opera è compiuta e verrà sicuramente venduta per cinquantamila o sessantamila franchi, e le riproduzioni che se ne faranno, inonderanno Parigi e la provincia, assicurando una rendita all'autore e al suo editore".

Questo exemplum, è del tutto convincente seguendo la descrizione di Zola. Così, possiamo tornare alle considerazioni di Trecento anni e più prima, che apportava Giorgio Vasari, quando descriveva gli artisti. Ma, è il caso di mettere a confronto per qualche minuto, l'opera in questione con un altro Areopago, ossia, il famoso cartone di Raffaello con la predica di S. Paolo. Sono trascorsi Quattrocento anni, ed anche qui, tutti i mezzi dell'arte sono posti a partito per evitare un determinato evento del passato con piena forza drammatica. Però, avrebbe potuto aggiungere con orgoglio Gerome, come poi ha fatto, nel frattempo noi abbiamo fatto i progressi nella conoscenza dell'antichità. I miei costumi e la mia scenografia, sono incomparabilmente più autentici di quelli di Raffaello e forse io, sono addirittura superiore a Raffaello, nella resa delle espressioni, sulle quali nemmeno Zola, ha trovato da ridire.

Zola, esprimendosi con fervente potenza di mentore, nei confronti della critica, come aveva fatto prima di lui anche uno come Heine, priva alla critica, il fondamento del valore delle opere d'arte, asserendo: "Non c'è sistema né teoria che possa fermare la vita nel suo inesauribile processo di creazione e la –nostra– funzione di critici d'arte, si limita a constatare i linguaggi dei diversi temperamenti. Io voglio soltanto analizzare i fatti, e le opere non sono altro che fatti".

Sarà un rivoluzionario come Zola, tra relativismo e anti-relativismo che procederà ad un'analisi critico-storica e storiografica, nel suo romanzo, "L'oeuvre" del 1885, in cui descrive la lotta intorno al Salon de Réfusés, alla quale egli stesso aveva preso parte. Erano gli artisti di allora e non Zola, che gridavano alla folla ostile: "Noi abbiamo l'ispirazione e il coraggio, Noi siamo il futuro", così come è il tragico eroe del romanzo che profetizza: "Verrà il giorno che una singola rapa, sarà pregna di Rivoluzione".

Studi in onore dell'Arte.

L'autore resta a disposizione per la pubblicazione con diversi Editori.

I diritti sono riservati in base alle opere di ingegno e al diritto di autore.

La Casa Editrice e l'Editore restano disponibili per eventuali errori di attribuzione.

www.ingramcontent.com/pod-product-compliance
Lightning Source LLC
Chambersburg PA
CBHW070942220526
45469CB00007B/2487